METIDO EN SU NEGOZIO

GESTIONANDO SU MIERDA EMPRESARIAL

Julianna Newland

Publicado por Julianna Newland 2025

Impreso en los Estados Unidos de América.

A muchos de mis antiguos colegas, cuyas debilidades, pasos en falso y errores aparentemente aleatorios se convirtieron en material de estudio para este libro.

Y a mi marido, que pasó muchas horas escuchándome quejarme de dichos compañeros.

CONTENIDO

INTRODUCCIÓN

Este libro es una colección caprichosa de viñetas alegres de mis observaciones (durante más de treinta años) de las interacciones y debilidades de hombres y mujeres de negocios, junto con algunos consejos de buen corazón. A pesar de que parte de él es anticuado, un análisis de treinta años en el mundo de los negocios seguramente explorará acciones y actitudes que han seguido el camino de la máquina de escribir eléctrica y el corrector líquido. Aun teniendo esto en cuenta, algunas actitudes y comportamientos no cambian mucho a lo largo de las décadas, especialmente en el entorno empresarial.

Las mujeres y los hombres se comportan de manera diferente (Lo leí en una botella de agua con sabor). Su educación, lo que aprendieron en la escuela y el pensamiento rápido "del momento" los hacen tomar ciertas acciones o decir ciertas cosas. Si miras todo esto desde una perspectiva humorística, apreciarás mejor todos los correos electrónicos y las reuniones aburridas, y te sentirás mejor al saber que no estás solo.

Conocerás a mi musa, la fuente de mi escritura creativa. Es muy voluble, pero normalmente puedo encontrarla en mi armario principal. Ella es divertida, muy ingeniosa y una sabelotodo de dos pies de altura. Ella es la razón por la que disfruto escribir, ya que a menudo me ha ayudado a unir los sustantivos y los verbos.

Después de muchos días en los que colegas y gerentes estuvieron "todo listos en tu negozio", disfrutarás de las recetas originales de cócteles artesanales con nombres comerciales especiales que se incluyen más adelante.

También he incluido algunos extractos de entrevistas con empleados que representan a tres generaciones y sus pensamientos sobre las interacciones entre hombres y mujeres en el lugar de trabajo.

En total, mucho de lo que he escrito es irónico, así que disfrútalo de esa manera.

METIDO EN TU NEGOZIO: ¿CÓMO PASÓ ESTO?

Encontrará este libro más útil que la "guía del empleado" en su lugar de trabajo.

Para tener éxito en la gestión de lo que está "metido en tu negozio", necesitas consultar este libro. Además, para ayudarle a gestionar eficazmente la mierda del negocio, debe saber quién es y cómo ha llegado hasta ahí. Si pertenece a la clase media estadounidense, su vida ha sido moldeada en gran medida por sus padres, sus profesores, sus camellos y sus jefes.

Ya sea que sea un hombre de negocios, una mujer de negocios o un empresario (si le gusta toda esa nomenclatura sexual inespecífica), se espera que siga ciertos credos del mundo de los negocios. Por ejemplo, no va a trabajar con la ropa interior puesta por fuera de la ropa, los cajones en la cabeza o con cierta parte de su anatomía a la vista. No me importa lo que haga Madonna, ella es un caso aparte.

En una empresa hay un grupo de líderes. La mayoría de ellos tienen títulos importantes como "gerente de rendimiento" o "director de asimilación global", y tienen puertas que pueden cerrar de golpe. Algunos gerentes tienen cubículos más espaciosos con paredes más altas y una pequeña "mesa de conversación" donde solo caben Esbelta Elena y Flaco Perez, donde debes trepar por encima de las sillas o balancearte desde la lámpara para entrar.

¿Somos un equipo?

Cuando comience en su nuevo trabajo, el gerente de recursos humanos le dirá que "todos somos un equipo" o mejor aún "una familia".

No lo cree. Oh, puede parecer así después de tragar las pastillas contra la ansiedad y quitarse los zapatos. Todos pasan a saludarle y ofrecerle su ayuda (para ese día). No hay ningún orden jerárquico que pueda ver. Están todos en el mismo equipo. Todos ustedes son parte de la familia XXX Company. Entonces surge una nueva realidad. Dentro de aproximadamente dos meses, notará que las cosas son muy diferentes y que hay un orden jerárquico en el que usted es un gusano, no un carpintero. Recomiendo permanecer en silencio, mantener la boca cerrada y traer algunos productos horneados.

Orden jerárquico

Las empresas sofisticadas tienen organigramas estructurados con líneas verticales que se adjuntan a un cuadro con el nombre de un empleado escrito en él. El cuadro en la parte superior es el director ejecutivo, generalmente un hombre. (estoy hablando del mundo real). Él es el rey. Está hablando por teléfono, en una reunión o jugando al golf con otros directores ejecutivos masculinos.

Usted conoce su valor ante el CEO gracias a estas cosas:

1. El pronuncia su nombre correctamente
2. Le pide que lleve su maletín o bolsa de deporte al coche.
3. Le envía copia de sus memos
4. Se ríe de sus chistes

Un consejo: sea siempre especialmente amable y cortés con el asistente ejecutivo/secretario/asistente administrativo/especialista del director ejecutivo. Esta empresaria (aquí vamos de nuevo) es la guardiana. La llave de la caja fuerte. Sólo ella determina si usted puede ver y/o hablar con el CEO, cuándo y dónde. No se engañe pensando que es más importante que este asistente ejecutivo, sin importar cuál sea su título. Demonios, no. Puede ser arrojado al séptimo círculo del *Infierno* si la menosprecia de alguna manera. Recuerde: guardián de la puerta, el centro del poder. Así que recuerda su cumpleaños con flores y una nota escrita a mano, nada de esos correos electrónicos perezosos. ¿Estas escuchando?

Uso personal del equipo de la empresa.

¿Su jefe viene a su casa y usa su horno o su secador de pelo? ¿Su jefe se acuesta en su sofá y mira televisión? No. Entonces, ¿por qué cree que está bien que utilice equipos de la empresa para su uso personal? Me refiero a ver comedias en el ordenador de la empresa, trollear o jugar al póquer electrónico.

El equipo de la empresa tiene su lugar, que es para que usted lo utilice con fines comerciales, y no es su equipo personal. Utilícelo de forma segura. Recuerde, los chicos de TI pueden acceder a su disco duro (y lo hacen regularmente), y los rusos piratean las computadoras de empresas semanalmente. Nunca sabe quién le está mirando, leyendo sus correos electrónicos y riéndose incontrolablemente.

A por el oro: plazas de aparcamiento

Si es un empresario o empresaria que conduce al trabajo, sabe el regalo increíble que es una plaza de aparcamiento asignada. Pero no nos engañemos aquí. A los Minions no se les asignan plazas de aparcamiento. Estos obsequios de plazas de aparcamiento se otorgan únicamente al director ejecutivo, al empleado del mes y a los soplones del director general.

Esta falta de plazas de aparcamiento asignadas provoca una carrera loca por hacerse con las plazas de aparcamiento más cercanas al edificio, para no parecer una rata ahogada cuando llueve y como si se hubiera olvidado el paraguas. Han comenzado guerras por desacuerdos sobre quién llegó primero al aparcamiento. Incluso los romanos se disputaban quién de los carros llegaba primero al aparcamiento y luego resolvían el asunto con lanzas, espadas o lanzagranadas. Ahora, por supuesto, existen otras opciones, como andar en bicicleta, compartir el automóvil o el transporte público. Si estas opciones están disponibles en su lugar de trabajo, por supuesto, comparta el auto o transporte en masa al trabajo. Y no te olvides de las mochilas propulsoras.

Mi musa

Déjame describirte mi musa.

Un día le dije a mi musa: "Sería bueno si supiera tu nombre". Ella me dijo que fuera a barrer una playa.

Ella me inspira cuando escribo colocando pensamientos o imágenes en mi cabeza. Siendo muy voluble, nunca sé si ella estará allí para ayudarme o cuándo. Su lugar favorito es mi armario principal. Creo que le gustan mis zapatos. Y a través de prueba y error, descubrí que la única forma de sacarla del armario es con un burrito y una margarita (no incluyas la sal).

Mi musa puede ser muy inspiradora cuando quiere. De lo contrario, es tan inútil como dos tetas de jabalí.

Aunque solo mide dos pies, le encanta vestir vestidos de gala y tacones de aguja o pantalones gauchos y una blusa de tubo. Es muy confuso tratar con ella: algunos días siento que estoy hablando con una princesa y otros días creo que estoy charlando con el recolector de calcetines de una fraternidad.

Cuando escribo, me gusta esperar a que mi musa me guíe. Ese es su trabajo, en lo que a mí respecta. Pero a veces esta pequeña perra decide depilarse el bikini a mitad del día. Así que espero y espero. Luego hago un sándwich de queso a la parrilla.

Cuando mi musa no está ocupada inspirándome en mis escritos, se mantiene ocupada leyendo novelas románticas obscenas en el armario principal. Ah, y ella prefiere el rock & roll clásico, que es la única área en la que estamos en la misma página.

*****

Tener a alguien "metido en tus negozios" puede causar ansiedad y muchas noches de insomnio. Todos sabemos esto. Pero no te desesperes.

Aquí está la primera de varias recetas de cócteles artesanales que son creaciones de Kelley o Carlos, mis cómplices. He probado sus creaciones. Estos tipos son genios del elixir líquido. Disfrútalo.

Cóctel artesanal n.º 1: *Sinergizar*

3/4 oz de centeno
3/4 oz de coñac
3/4 oz de vermú dulce
1/4 oz de Drambuie
2 chorritos de chocolate amargo

Revuelva, vierta en un cupé y agregue dos cerezas.

*****

El concepto de oficina abierta

Tanto en el mundo empresarial como en el de la moda, las tendencias van y vienen. Ya sea diseñando la última versión de bragas comestibles o el espacio de trabajo de la oficina, las costas este y oeste marcan tendencias.

El mundo empresarial ha evolucionado desde las oficinas con cubículos de color beige o gris al concepto de oficina abierta. Imagine una sala de conferencias muy grande con mesas de cristal y sillas incómodas, sin teléfonos fijos, sin archivadores, sin papel, sin material de oficina, sin un lugar al que llamar "mío", sin derechos de ocupantes ilegales. Se bombea ruido blanco para ahogar otros ruidos, lo que crea un ruido que no se puede ignorar. ¿Bien? Cada hombre de negocios y empresaria debe elegir por sí mismo dónde sentarse en el espacio abierto de la oficina. Los que llegan primero pueden elegir un asiento cerca de una ventana. Si es un idiota y llega tarde, puede sentarse al lado del pasillo principal donde podrá oler la brisa de todos los que pasan. Puede contar la cantidad de veces que alguien sale a fumar.

¿Necesita un espacio agradable y tranquilo para hacer su trabajo? ¡Iluso! Eso no sucede en el área de oficinas abiertas. Al menos el 68% de los empleados en ese espacio de oficina estarán hablando EN VOZ ALTA por sus teléfonos, conversando EN VOZ ALTA con otro empleado a su lado, o gritando EN VOZ ALTA a través de la sala a otro empleado para ahorrar tiempo y pasos, solo para irritar a todos los demás empleados.

Recomiendo aprender el lenguaje de señas ya que no puede escuchar a la persona sentada a su lado debido a todo el ruido.

La oficina abierta supuestamente está diseñada para fomentar la colaboración mediante la eliminación de paredes. Pero esta es la verdad: más colaboración equivale a más ruido y las distracciones equivalen a menos productividad.

No puedo entender exactamente cuál es el beneficio del concepto de oficina abierta a menos que sea que se desee reducir la productividad. Se han publicado estudios que prueban ese punto. Sin embargo, una vez que sus jefes se toman el dinero y el tiempo necesario para derribar las paredes de la oficina para crear una oficina abierta, es demasiado tarde para dar marcha atrás. Y puede apostar su último dólar a que alguien en la alta dirección tiene vínculos financieros con un fabricante de vidrio. Si necesita un espacio tranquilo para hacer su trabajo, relájese en el armario de materiales o quédese en su auto. Mejor aún, TRABAJE DESDE CASA. ¿No aprendió nada de la pandemia de COVID-19?

*****

Resumen de entrevistas con tres generaciones

Si bien este libro contiene mis puntos de vista y opiniones sobre las interacciones entre empleados, ya sean de diferentes edades o sexos, aquí hay pensamientos y observaciones de siete personas que seleccioné para entrevistas breves. Representan a los baby boomers (de sesenta y dos y sesenta y tres años), la Generación X (de cuarenta y cuatro y cincuenta y un años) y los Millennials (de treinta, treinta y uno y treinta y cinco años).

Estas siete personas han trabajado o están trabajando para empresas en situación híbrida, en remoto o en oficina. Uno de los siete está jubilado. A todos se les hicieron preguntas en entrevistas telefónicas para captar sus pensamientos sobre los comportamientos y las interacciones en sus entornos laborales entre generaciones y entre sexos. Las conversaciones fueron informales.

Esto no es un estudio científico; es simplemente para compartir los pensamientos y opiniones de los siete empleados. Creo que estos comentarios le resultarán interesantes.

"¿Cuántos años lleva usted siendo empleado?"

BABY BOOMER (RETIRADO). Veintisiete años.

BABY BOOMER. Tres años de empleador actual, treinta y tres años de empleador anterior.

GENERACIÓN X. Veinticuatro años.

GENERACIÓN X. Veintidós años.

MILLENNIAL. Tres años de empleador actual, cinco años de empleador anterior.

MILLENNIAL. Seis años.

MILLENNIAL. Cuatro años.

Sigue información adicional

*****

Trabajar desde casa (Teletrabajo)

Ha habido un aumento significativo en la cantidad de empleados que trabajan desde casa/de forma remota desde la pandemia de COVID-19. Este suele ser el caso de los empleados que han trabajado en oficinas en lugar de en gasolineras. Los empleados que trabajan en restaurantes, tiendas o lavaderos de autos no pueden, de manera realista, trabajar desde casa a menos que esté dando algo por sentado.

El trabajo desde casa tiene muchas ventajas: menos molestias (si sus hijos no están en casa), más control de su horario y no perder tiempo en los desplazamientos hacia y desde el trabajo. Hay muchas tareas de las que puede encargarse mientras trabaja desde casa: cortarse las uñas de los pies, recortar las uñas de los pies del perro, sacar la comida caducada del refrigerador y depilarse y arreglarse las cejas. Tecnología y confianza son los dos factores más importantes para hacer realidad la dinámica del Teletrabajo. Las telecomunicaciones y otros artilugios electrónicos nos han permitido no estar atados a nuestros escritorios en una oficina. Otros ejemplos de ventajas de trabajar desde casa son que puedes lavar una carga de ropa antes de estar en una videoconferencia y usar ropa más informal.

Debe mantenerse en contacto con tus compañeros de equipo y, especialmente, con su jefe cuando trabaja desde casa o de forma remota. Además, establezca un horario diario desde casa e intente cumplirlo tanto como sea posible y participe activamente en las reuniones del equipo a través de videoconferencia. Si "desaparece en acción" con frecuencia, estará perdido en acción permanentemente, cortesía de su jefe.

A medida que se construye la confianza y la gerencia y los directores ejecutivos se sienten más cómodos con el trabajo desde casa para sus empleados, más empresas adoptarán este modelo de trabajo. Simplemente parece tener sentido.

Ponerse en el mercado laboral

El año 2022 puede ser el año de numerosas ofertas de empleo en muchos sectores, especialmente en el sector servicios. El año 2022 también ha sido testigo de muchos despidos y cierres. El problema es que hay mucha facturación en el sector servicios. Quiero decir, ¿quién no quiere ser subdirector interino en una cafetería donde la pregunta del día es "¿Cuántos churros?"

Buscar trabajo requiere trabajo duro, tenacidad y buen esfuerzo. También ayuda si le agrega un poco de sazón.

Aquí hay unos pequeños pasos que puede seguir si se encuentra un poco (muy) perdido con respecto al proceso:

- Paso 1. Actualizar el currículum. Sea franco. Por ejemplo, soy un graduado de la Escuela de Metafísica y Reparación de Automóviles de St. Louis, pero necesito trazar una línea entre esa educación distinguida y el trabajo que busco. Piense fuera de lo común cuando observe sus puntos fuertes. Por ejemplo, es posible que tenga talento para escribir y corregir la gramática, pero estas habilidades generalmente no son necesarias en un trabajo de almacén o cavando zanjas. Revise el currículum desde la perspectiva del empleador. ¿Qué habilidades aporta al trabajo en comparación con todos los demás cabezones? Resáltelos en su currículum y prepárese para discutirlos sin babear.

- Paso 2. Cuando complete la solicitud, simplifique las cosas respondiendo preguntas difíciles indicando que está en el Programa de Protección de Testigos y no puede proporcionar más información. Asegúrese de incluir "Tengo computadora portátil. Puedo viajar."

- Paso 3. Ensaye para su entrevista. Pídele a un amigo o a la camarera que haga el papel del entrevistador mientras responde preguntas como "¿Por qué el cielo es azul?" o "¿Cuántas plumas tiene una paloma en su cuerpo?" Haga su tarea y conozca detalles sobre la empresa que quiere contratarle. También ayuda pronunciar correctamente el nombre (el suyo y el de la empresa).

- Paso 4. Vístase para el éxito. Este tampoco no es el momento de sacar el vestido de dama de honor o el esmoquin del baile de graduación del instituto. Generalmente es mejor vestirse elegantemente que presentarse con jeans rotos y una camiseta con la palabra *Loser* mal escrita. Cuidado con lo que hace con las joyas. No querrá que sus pulseras suenen ruidosamente sobre la mesa. Luzca nítido y elegante. No parezca un completo imbécil. Y no olvide sus calcetines, zapatos y ropa interior a juego.

- Paso 5. Llegue a tiempo a la entrevista; mejor aún, llegue siete minutos antes para poder orinar y arreglarse el cabello (no al mismo tiempo) y comprobar si tiene comida entre los dientes.
- Paso 6. Para la entrevista, relájese y sea usted mismo. Recuerde sus líneas y hable con confianza. Tenga preparadas preguntas reflexivas sobre el trabajo que está buscando para que parezca mostrar más que un pasajero sentado en el bus escuchando una conferencia que no le interesa. Lo más importante es no equivocarse.

Finalmente, envíe una atenta nota de agradecimiento al entrevistador (y al asistente administrativo) al día siguiente. Incluir un cupón de $3 de descuento en una tienda de donas cercana no está de más. Y no olvide rezar al dios del trabajo mientras enciende unas velas aromáticas.

Protocolos de ascensor

Hay una regla simple que pocas personas siguen cuando se trata de ascensores: deje que las personas que están en el ascensor salgan primero antes de que usted salte al ascensor. Esto parece de sentido común, pero mucha gente ignora esta regla porque son idiotas y malvados.

*****

La creación de redes es una parte importante del negocio, pero también es estresante. Uno de estos cócteles para establecer contactos le facilitará la tarea.

Cóctel Artesanal N° 2: *Networking*

1 oz de vodka
1 oz de Kahlúa
1 oz de licor de caramelo
1 oz de Bailey's Irish Cream
1 shot de espresso

Agite, cuele y vierta en una sopa con chocolate rallado.

*****

Uso del signo de exclamación (¡!)

¡Esto! ¡Me! ¡Vuelve! ¡Loco!

¿Quién diablos piensa que su frase es lo suficientemente importante como para justificar dos o más signos de exclamación seguidos? Deje que sus palabras proporcionen el énfasis. Por eso fue a la clase de español. ¿Recuerda la clase de español en la que conjugaba verbos, diagramaba oraciones y tal vez escribía uno o dos poemas? Si estuviera escuchando incluso a medias, habría aprendido a no dejar suelto el participio ni dividir un infinitivo. Lo que es especialmente atroz es el Empresario que coloca un signo de exclamación rojo, o a veces dos, al final de las dos últimas frases. Y no me haga hablar del uso excesivo de emojis en las comunicaciones comerciales. Basta ya.

*****

Resumen de entrevistas con tres generaciones

"¿Cuál es la proporción de empleados masculinos y femeninos en su departamento?"

a. GENERACIÓN X: 40% hombres, 60% mujeres
en áreas administrativas

b. GENERACIÓN X: 65% mujeres, 35% hombres

c. MILLENNIAL: El 40% son hombres en el departamento

"¿Cuál es la combinación de edades de los empleados de su departamento?"

d. BABY BOOMER: 25% mayores de cincuenta años, 10% menores de treinta años

e. BABY BOOMER: 50% mayores de cincuenta años, ningún empleado menor de treinta años

f. GENERACIÓN X: 20% mayores de cincuenta años, 25% menores de treinta años

g. GENERACIÓN X: 18% mayores de cincuenta años, 15% menores de treinta años

h. MILLENNIAL: 45% mayores de cincuenta años, 30% menores de treinta años

i. MILLENNIAL: 20% mayores de cincuenta años, la mayoría menores de cuarenta años

*****

Términos comerciales

Hay muchas palabras de moda en el mundo empresarial. Muchas de ellas son el resultado de la verbificación de sustantivos como networking. A continuación se muestran algunos ejemplos de otras palabras de moda en los negocios y sus significados:

- Dominación: dos McDonald's uno al lado del otro
- Networking: ser un espectador leal de las cadenas de televisión
- Competencia básica: un corcho de vino que no se rompe
- Retargeting: comprar en Target dos veces en un día
- Ancho de banda: la cantidad de pies cuadrados necesarios para la banda
- Cuota: un precio dicho de otra manera

Pensamiento aleatorio

Hay tres Marías:

- Los que tienen
- Los que no tienen
- A los que les importa una mierda ninguno de los dos.

Mi musa sale a la ciudad

Del baño emanaba un claro olor floral. Entré y encontré a mi musa flotando en un mar de burbujas de rosas en mi fregadero. "Gracias por preguntar", murmuré. "¿Vas a algún lugar?"

"No es que sea de tu incumbencia, pero voy a ir de discotecas", replicó ella.

Unos minutos más tarde, salió del baño vestida con un traje de puta y tres collares de oro grandes y pesados   que normalmente encontrarías en un hombre muy peludo sentado junto a la piscina. Luego, mi musa procedió a acercarse a mi tocador y se colocó mi maquillaje en su cara de musa. Ahora sabía que muchas mujeres pueden pintarse la cara con todo tipo de colores salvajes y con destellos. Esta fue la paleta elegida por mi musa. Su rostro parecía una rueda de colores a toda marcha.

"Te has superado a ti misma, señorita", me reí. "Y no estés fuera hasta demasiado tarde. Tengo un artículo que necesito escribir mañana y que necesita ese toque de musa". Creo que la escuché decirme "¿Ah, si? Llora" mientras desaparecía.

Había llegado el amanecer, y también mi musa, apestando a cerveza rancia y a cigarrillos.

Luego procedió a tumbarse en mi armario principal, muerta para el mundo. "Hagas lo que hagas, no vomites", la amonesté.

*****

Las reuniones probablemente sean el número uno en la lista de "cosas más odiadas" de todos. Después de su vigésimo cuarta reunión de departamento, pruebe este cóctel artesanal para reuniones de departamento.

Cóctel Artesanal No. 3: *Reunión Departamental*

1 1/2 oz de tequila
1 oz de mezcal
1 oz de jugo de limón recién exprimido
1/2 oz de agave
3/4 oz de Cointreau

Agite, cuele y vierta sobre a las rocas con la guarnición de cáscara de lima.

*****

El valor de los mentores

Un mentor es un activo para cualquier trabajo. Los mentores brindan entrenamiento y consejos sobre cómo tener éxito en su trabajo y son una buena fuente para responder las preguntas "delicadas" que no desea hacerle a su jefe, su padre o su psíquico. Tuve mucha suerte de tener varias mentoras en mis más de treinta años en el mundo empresarial. También tuve mentores masculinos. (No soy sexista).

Los mentores no necesariamente tienen que ser alguien en los niveles superiores de su negocio. A menudo, un gerente de un departamento similar estaría feliz de que le pidieras que fuera tu mentor. Establezca sus expectativas con anticipación para asegurarse de que usted y su mentor estén en la misma página.

Aquí hay algunos consejos:

1. Mantenga reuniones periódicas de retroalimentación /entrenamiento con su mentor.
2. Venga a estas reuniones con buenas preguntas sobre los problemas que está encontrando, consejos para el crecimiento y el éxito, etc. Un ejemplo es "¿Dónde está el baño?"
3. De vez en cuando, realice estas reuniones con su mentor durante el almuerzo o en una cafetería.
4. Asegúrese de enviar notas de agradecimiento a su mentor a lo largo del camino.

Los clásicos clubes de viejos

Los "Los clásicos clubes de viejos" estaban bastante extendidos antes de 2010. Para aquellos de ustedes que no están familiarizados, Los clásicos clubes de viejos son una forma de vida para algunos hombres de negocios: una forma de tribalismo, hombres ayudando a otros. ¿Recuerda en la escuela secundaria cuando todos los deportistas se sentaban juntos durante el almuerzo y comían como cerdos? Esa es la versión inicial de los clásicos clubes de viejos.

En el entorno empresarial donde se encuentran los clásicos clubes de viejos, estos miembros se apoyan unos a otros y promueven dentro de este club. Es una forma de supervivencia y endogamia. Socializan juntos, trabajan juntos, juegan golf juntos y se agradan mutuamente.

Con el tiempo, estos clubes de vinculación masculina han disminuido un poco (afortunadamente), excepto en aquellos casos en los que las mujeres asertivas se unen al club y recuerdan a los miembros masculinos que no hablen con comida en la boca. No me malinterprete; no estoy contra los vínculos masculinos, excepto cuando el club de viejos se convierte en la única vía para avanzar.

Hombres, inviten a compañeras a sus salidas deportivas o almuerzos. Quién sabe, ¡tal vez aprendan un par de cosas!

*****

Resumen de entrevistas con tres generaciones

Cuando les pregunté cómo era su "atmósfera" o "entorno" empresarial, los entrevistados mayores señalaron un sexista o "club de viejos" que existía en su lugar de trabajo hace años, pero que ahora lo es menos. Uno de los boomers notó que el entorno empresarial era competitivo pero colegiado, mientras que el otro boomer señaló que su equipo prefería trabajar de forma remota.

La Generación X y los empleados millennials descubrieron que sus entornos de trabajo eran colegiados.

Cuando le pregunté sobre sus jefes de departamento, uno de los empleados de la Generación X afirmó que, antes, existía una "red de buenos viejos", pero menos notable recientemente.

Otro de los entrevistados de la Generación X compartió que hay una mezcla de jefes de departamento masculinos y femeninos que son muy respetados.

Según uno de los millennials, últimamente cada vez más mujeres han sido promovidas a niveles directivos más altos. Otro millennial dijo que había más hombres en puestos directivos a pesar de que hay más empleadas. El tercer millennial señaló que el jefe de departamento es un hombre que reporta a un hombre.

Departamentos de recursos humanos (RRHH)

Como todos sabemos, el director ejecutivo o el presidente es el jefe principal de la empresa. Detrás de este director ejecutivo hay un departamento de "policía secreta" que dirige el negocio, y ese es el departamento de recursos humanos (RR.HH.). Piénselo. El departamento de recursos humanos, al igual que la KGB, guarda todos los archivos del personal, monitorea para asegurarse de que usted esté haciendo lo correcto, hace sus revisiones de desempeño (y cambia el proceso cada cinco meses) e insiste en que usted tome treinta y cuatro programas de capacitación al año. La gente de este departamento también publica ofertas de trabajo, revisa su currículum y su solicitud de empleo y decide si debe ser entrevistado. También deciden qué medidas disciplinarias deben aplicarse a quienes infrinjan las normas de la empresa. Por lo tanto, ellos tienen todas las cartas y usted se queda sin fichas.

Seamos realistas: le sostienen justo donde más duele. El mejor consejo es mantener la cabeza gacha o cortar los neumáticos y culpar a alguien más.

Cháchara

En los viejos tiempos, los empleados se reunían alrededor del dispensador de agua y chismorreaban. Los temas favoritos eran lo que vieron anoche en la televisión, sus hijos y quién estaba teniendo una aventura en el trabajo. Ahora, los primeros diez minutos de todas las reuniones de personal son donde tienen lugar estas importantes discusiones "centradas en los negocios". Actualmente, estas sesiones de chismes pueden haber virado hacia territorios más serios, como por qué los veranos son tan calurosos ahora (calentamiento global), los últimos asesinatos (violencia armada) y qué significa "orgánico" (precios de los alimentos). Debe participar en estas sesiones de charlas comerciales porque puede enterarse de buenos chismes y actuar de manera inteligente.

Por otro lado, hay "pequeñas conversaciones" políticas que se pueden escuchar en la oficina. Si se acerca a un grupo de empleados y están hablando de política, ese es el momento perfecto para darse la vuelta, ir a casa, encerar a su gato, cepillar a su perro o lavarse el pelo.

Al igual que en las reuniones familiares, cuando converse con sus compañeros de trabajo manténgase alejado de tres temas: política, religión y sexo. Le sugiero que tampoco hable de dinero para que sus gerentes no se queden mirando sus zapatos y comiencen a dar pistas sobre cómo algunas personas reciben salarios excesivos.

Seamos realistas: no existe un territorio seguro cuando está en el trabajo y cuando empieza a hablar de religión, política o sexo. Una vez que se aventuras por ese callejón oscuro, no hay escapatoria excepto mirar su teléfono celular y decir que tiene un mensaje de texto de emergencia de su madre y salir apresuradamente.

*****

La ansiedad aumentada es parte de cualquier evaluación de desempeño, así que antes de la próxima, pruebe este cóctel artesanal de Evaluación de desempeño: solo uno.

Cóctel artesanal n.° 4: *Evaluación de desempeño*

2 oz de ron
3/4 oz de jugo de limón recién exprimido
1 oz de Grand Marnier
1 oz de almíbar simple
2 toques de amargo de naranja

Agite, cuele y vierta sobre las rocas con la guarnición de brocheta de lima y cereza.

*****

Romances de oficina

¡No no no no! No me importan Jim y Pam en The Office.

No te relaciones con un compañero de trabajo, especialmente si eres su jefe. Si no está seguro, consulte el organigrama de la empresa o pregúntele a Harvey Weinstein. Me imagino que hay cierta tensión sexual entre dos compañeros de trabajo que se sientan uno cerca del otro o asisten a las mismas reuniones. Sus rodillas se tocan accidentalmente, y lo siguiente que sabe es que su trasero está presionado contra la fotocopiadora mientras se tocan, pretendiendo desatascar la bandeja de papel.

No crea que su ardiente aventura en la oficina es un secreto. Los compañeros de trabajo notarán cuando apesta al perfume o a la colonia para después del afeitado de otra persona. También notarán que su cabello está despeinado y que el dobladillo de su camisa sobresale a través de la cremallera o que olvidó volver a ponerse la falda. Tenga cuidado, amigo mío. Alguien notará que a la mañana siguiente está haciendo el paseo de la vergüenza, vistiendo el mismo traje que usó el día anterior. La emoción de todo esto no dura tanto. Lo que sí dura mucho son los chismes de sus entrometidos compañeros de trabajo.

Di no. Luego vete.

Eso es todo.

*****

Resumen de entrevistas con tres generaciones

Cuando se le preguntó: "¿Cuáles son sus observaciones sobre las relaciones de trabajo entre generaciones?" Uno de los baby boomers señaló que muchos empleados más jóvenes intentan impresionar a los empleados mayores, especialmente si están en una posición más alta, y que a algunos empleados mayores se les desestima por sus costumbres de la vieja escuela.

El otro baby boomer señaló que los empleados más jóvenes se llevan bien con los empleados mayores, aunque puede haber problemas de actitud.

Un empleado de la Generación X observó una colaboración directa entre empleados mayores y más jóvenes. El otro empleado de la Generación X afirmó que varios empleados más jóvenes no quieren "hacer un esfuerzo adicional" para trabajar, y esto no es bien recibido por los empleados mayores.

Los tres millennials notaron que los empleados mayores y más jóvenes se llevan bien, y un millennial agregó que puede haber choques de personalidades en lugar de choques de edades.

*****

No todo el mundo tiene una musa.

Había estado luchando con un discurso que necesitaba escribir sobre "cómo un proyecto de ley se convierte en ley", también conocido como "Jack Assery llevado a un nivel superior". Cuando estoy en casa y necesito pensar profundamente, siempre estoy acostada boca arriba en mi cama. Pero cuando tengo que pensar profundamente en el trabajo, me siento en el baño.

Mientras estaba estancado sin palabras ni pensamientos que alegraran mi discurso, me imaginaba una musa dulce y caprichosa a mi lado, llenando mi cabeza con palabras e imágenes gloriosas. Cerré los ojos y deseé que mi musa o Danielle Steel pasaran por allí. Después de cinco minutos de estar divagando, abrí los ojos mientras las palabras y los pensamientos creativos resonaban en mi cerebro. "Será mejor que escriba esta mierda ya", exclamé. Me sorprendió lo fácil que fue escribir el discurso. (No era el "Discurso de Gettysburg", pero sería suficiente).

Otro día, mientras estaba acostada en mi cama buscando las palabras para otro discurso, me sentí cada vez más frustrada porque mi mente estaba en blanco o perdía la concentración. (¿No le conté sobre mi trastorno por déficit de atención?) Luego, cuando cerré los ojos y viví el momento durante unos minutos, las fantásticas palabras para mi discurso llegaron a mi cerebro.

Debe haber una razón para estos potenciadores cerebrales. Mientras pensaba en esto, decidí hacer un inventario de mis zapatos en el armario principal. Y allí estaba ella, mi musa. Tenía el tamaño de un hada demasiado grande que estaba fascinada con mi colección de zapatos. Mi musa me dijo que ella era la razón detrás de mi pensamiento creativo; ella puso esos pensamientos en mi cabeza. Luego pidió una hamburguesa con queso.

"¿Cómo llegaste aquí?" Yo pregunté. Ella me dijo que no nublara mi cerebro en miniatura con tales preguntas y que le diera gracias a mi estrella de la suerte por haber decidido estar conmigo cuando la necesitaba para llenar mi cerebro con pensamientos creativos y palabras cautivadoras. "Es justo", respondí.

Mi musa, a diferencia de una mascota, no necesita que la paseen ni jueguen con ella y no orina en el suelo. Ella se entretiene y no duda en avisarme cuando quiere un sándwich de mantequilla de maní y jalea.

A menudo me pregunto cómo se mantiene tan esbelta teniendo en cuenta sus hábitos alimenticios de adolescente. Pero no importa mientras ella siga introduciendo pensamientos creativos en mi cabeza cuando más los necesito.

Pidiendo un aumento de sueldo

Después de haber estado en el mismo puesto durante ocho o más años, tal vez sea hora de pedirle a su jefe un aumento de sueldo. Se han escrito muchos artículos sobre cómo los empresarios abordan esta empresa de manera muy diferente a las mujeres de negocios.

Atención, empresarias: hay que estar más atentas a la hora de pedir aumentos de sueldo. El empresario no tiene ningún problema en pedir un aumento de sueldo, tanto si los resultados lo merecen como si no. Mujeres de negocios, hablad por vosotras. Pidan ese aumento y prepárense para exponer con pelos y señales sus logros empresariales. No es momento de modestia. (Eso significa ignorar lo que le dijo su madre).

Pero tenga cuidado. No aborde esta discusión como si fuera la segunda venida de Cristo. Además, nunca utilice esquemas de chantaje para obtener su aumento de sueldo del jefe. Su jefe no ascendió a un puesto directivo superior por no poder salir de un plan de chantaje barato de vez en cuando. Piense en lo valioso que es para la empresa y cite estos ejemplos. Pídale a algunos compañeros u otros gerentes que envíen discretamente correos electrónicos a su jefe reconociendo sus logros específicos. Luego envíales discretamente un bono de ahorro.

Hombres de negocios, incluyan a las mujeres empresarias en sus cónclaves masculinos.

Mujeres empresarias, busquen la mano de otra empresaria cuando agarren ese anillo de latón.

*****

Este es mi cóctel favorito. Con algunos de estos, no sólo pensará fuera de la caja, sino que también hablará en marciano.

Cóctel artesanal n.° 5: *Pensando fuera de la caja*

1 oz de vodka
1 oz de jugo de limón recién exprimido
1 oz de limoncello
1 onza de almíbar simple

Agite, cuele y vierta en una copa con una rodaja de limón.

*****

Oh, musa, ¿dónde estás?

La tarea era escribir un artículo de opinión sobre el calentamiento global. Esto iba a ser todo un desafío. Estoy del lado de aquellos que creen que los tontos que se apoderan de bienes raíces en la gran canica azul de la tierra deberían hacer mucho más para reducir la huella de carbono. No importa si se trata de un coche, un autobús, una central eléctrica o excremento de vaca. La tierra se está calentando; los casquetes polares se están derritiendo y pronto pareceremos polillas en un mata insectos.

Esperaba que mi musa llegara pronto y me ayudara a empezar. Con la fecha límite de asignación acercándose y el partido de fútbol de los Colts a punto de comenzar, lo di todo y comencé a hacer clic en el teclado de la computadora portátil. Había tantos pensamientos dispares acercándose y alejándose que no podía darles sentido a todos, y mucho menos organizarlos en un artículo de opinión legible. *¿Dónde está mi musa?* Me preguntaba. Había pasado más de una hora y no la encontraba por ningún lado. Volví a la posición supina en mi cama y luego rápidamente me acurruqué en posición fetal. *Tal vez debería llamarla por su nombre*, pensé. El problema era que no sabía su nombre. Cuando le pregunté por segunda vez cómo se llamaba, mi musa me dijo que me ocupara de mis malditos asuntos. ¿Qué debía hacer?

Decidí relajarme y vivir el momento como me aconsejaron mi terapeuta y mi colorista. Pronto me quedé dormida. Al despertar, escuché a mi musa en el armario principal. Estaba cantando canciones de Mariah Carey y haciendo una especie de balanceo rítmico que extrañamente parecía un baile.

"Dios mío bendito. Así que decidiste dejarme colgada, ¿es eso? ¿No sabes que tengo que escribir un artículo de opinión sobre el calentamiento global y lo entregaré mañana?" Grité.

"Relájate, ya lo tienes", respondió ella. "Además, no trabajo con el estómago vacío, así que tráeme unos tacos y una margarita de fresa".

Le recordé que debía estar muy atenta a mis necesidades creativas y no dejar que me asustara con mis tareas, como acababa de ocurrir. Se mostró indiferente. Pensé en regatear con ella, así que le ofrecí comprarle un traje nuevo si me ayudaba con este trabajo sobre el calentamiento global. Como le encantan los tops llamativos que combinan con sus pantalones gauchos, aceptó ayudarme. Probablemente fue lo más cerca que mi musa y yo hemos estado de un enfrentamiento, pero poseo una extraordinaria habilidad para el regateo.

BMW

El estilo y la elegancia del BMW son de sobra conocidos. Vives a lo grande, amigo mío, si conduces (y posees) un BMW. Se adapta a las esquinas mientras disfrutas de los asientos más cálidos en invierno.

Pero hay otro tipo de BMW además de los que conducen sus vicepresidentes en el aparcamiento empresarial. Están los BMW que también se conocen como putos, quejosos y resentidos. Conoces a estos compañeros de trabajo. Nada en el trabajo los hace felices o contentos. Siempre esperan con ansias que lleguen las 5:00 p. m. para poder regresar a casa, encender la televisión, regañar a su cónyuge y quejarse ante sus hijos. Ellos son los que se quejan de contribuir para el pastel de cumpleaños del empleado y son los primeros en la fila para quedarse con un pedazo. Se quejan de todas las tareas o proyectos que les asignan. Sólo quieres empujar un bote de basura sobre su cabeza para amortiguar los sonidos irritantes que emanan del agujero de la tarta. Créame, hay poco que pueda hacer al respecto, salvo orinar en su silla.

Los lame botas

Además de los BMW de oficina, también hay lame botas en la oficina. Todas sabemos quiénes son. Se sientan en primera fila en las conferencias y siempre tienen la mano levantada. Le traen golosinas recién horneadas al jefe y siempre le compran un regalo de Navidad. Se ofrecen como voluntarios para todos los proyectos especiales. Acéptelo: a nadie le gustan los lame botas, excepto al jefe, y no siempre. Pero supongo que estar en el club del desayuno es mejor que ser el gran BMW, especialmente cuando llega el momento de subcontratar o echar a alguien a la acera.

*****

Dominante es un ejemplo perfecto de cómo verbalizar un sustantivo. Lo general aparece con demasiada frecuencia en demasiados informes. Después de algunos de estos cócteles generales, estarás dominando tu baño.

Cóctel artesanal n.º 6: general

    2 oz de tequila blanco
    3/4 oz de mezcal Bozal
    1/4 oz de sotol
    1/4 oz de néctar de agave
    2 chorritos de chocolate amargo
    2 chorritos de amargo de chile ahumado

    Agite, cuele y vierta en una copa de martini.

*****

La revisión del desempeño

Prepararse para una revisión anual de desempeño es como prepararse para una colonoscopia: pasa mucha mierda a través de ti y, al final, es posible que te digan que tienes algo oscuro y espeluznante dentro de ti. Muchas empresas han intentado facilitar estos ritos de iniciación para todos los interesados aumentando la frecuencia de estas conversaciones para que la búsqueda de cavidades corporales se realice trimestralmente en lugar de anualmente, como si eso pudiera mejorarlo. Sería muy útil si celebrara reuniones mensuales o trimestrales con su jefe para discutir objetivos, avances en proyectos importantes y áreas de preocupación. No querrá esperar hasta la revisión anual de desempeño para ser la primera vez que discutas estos asuntos.

No tema, porque hay formas de mantener la cordura durante la preparación para la revisión de desempeño y durante la revisión de desempeño real:

1. Recuerde el nombre de su jefe y no lo pronuncie mal.
2. Cree un resumen de sus éxitos y recuerde llevarlo consigo a la revisión de desempeño.

3. Ensaye preguntas y respuestas que probablemente surjan durante la revisión, como "¿Por qué eres tan idiota?" o "¿Qué haces exactamente aquí?"

4. Vestirse para el éxito. Recuerde subir la cremallera y usar una blusa de tejido abierto.

5. Prepare algunos temas para bromas ligeras, como el tiempo que pasó en la cárcel o cómo alguien sigue robando sus botes de basura.

El objetivo final de la evaluación de desempeño es que su desempeño se evalúe de manera justa y que usted no sea responsable de golpear la puerta del auto del jefe. Debe discutir ejemplos de proyectos exitosos, ejemplos de trabajo en equipo y comentarios sobre cómo puede mejorar su desempeño. Nadie dijo que esto fuera fácil y divertido. Generalmente, la revisión del desempeño se aprecia mejor cuando se hace en el espejo retrovisor. No se asuste, lo único que está en juego es su salario. Asegúrese de agradecer a su jefe por la revisión de desempeño de calidad.

Más sobre la musa

Como probablemente podrá ver por mis escritos, mi musa tiene un extraño sentido del humor. Puede resultar bastante frustrante captar su atención y mantenerla más tiempo que una pausa comercial. Las ideas que me comunica suelen ser dispersas y, a veces, raras. Mi musa, sin embargo, elimina con frecuencia bloqueos y trabas mentales. Puede no sea la distancia más corta, pero es un camino. Tomaré lo que pueda conseguir.

Vestimenta de oficina

Para obtener una imagen completa de este tema, considérelo como antes y después de la pandemia.

Antes de la pandemia: muchas empresas donde se encuentran oficinas tenían un "código de vestimenta": no se permitían jeans, blusas, chanclas ni pantalones cortos. Los hombres vestían trajes o pantalones de vestir y chaquetas, camisas con cuello y corbata, y las mujeres vestían vestidos o trajes de pantalón. Con el tiempo, se añadieron los llamados "viernes informales", sin embargo, incluso estas barandillas estaban dobladas. Luego vino la pandemia de COVID-19.

Los empleados que trabajaban en casa se volvieron bastante expertos en cambiar los pijamas por ropa cómoda e informal de negocios mientras trabajaban en casa. No más corbatas, trajes o vestidos. Y cuando estaban en una videoconferencia, nadie puede ver su mitad inferior en la cámara, por lo que quizás algunos de ellos se quedaban sin pantalones.

Pospandemia: ahora muchos empleados trabajan en "oficinas híbridas", donde trabajan en casa dos o tres días a la semana y en la oficina los demás días. Algunas empresas están llevando bien este modelo de trabajo; otros están luchando para conseguirlo. Depende en gran medida de hasta qué punto el empleado disfrute de los beneficios de trabajar desde casa, y hay muchos. Estoy seguro de que se le ocurren muchos beneficios que ni siquiera implican comidas calientes. Pero esto conlleva la desventaja de la falta de "chismes de pasillo" o colaboración en forma de contactos y discusiones en persona.

En cuanto a la vestimenta de "oficina híbrida", muchas empresas han relajado sus códigos de vestimenta para permitir que los empleados se vistan según lo que requiere su horario. Si no hay reuniones con clientes externos, entonces la vestimenta informal de negocios es adecuada, y los fabricantes y minoristas de ropa informal de negocios pueden obtener mayores ganancias a su costa. ¿No le encanta el capitalismo?

Tiempo flexible

La Generación X, los millennials y la Generación Z han logrado grandes avances para ayudar a los empleadores a comprender el valor del horario flexible. Desafortunadamente, algunos empleadores no pueden o no quieren ofrecer horarios flexibles a sus empleados. Es cierto que los empleados son adultos y pueden decidir en qué momento de su agenda pueden tomar horas o días libres por motivos personales, como una cita con el dentista, reuniones escolares de niños o una sesión de espiritismo. El empleado que quiera continuar empleado respetará los parámetros de flexibilidad horaria.

Las cosas no fueron tan fáciles para los baby boomers y la generación silenciosa. No había tiempo flexible, y tenían que utilizar sus vacaciones para ausentarse del trabajo para acudir a esas citas personales. Con el crecimiento de la relación laboral entre empleador y empleado aumenta la necesidad de confianza en ambas partes. ¿Quién sabe? Quizás veamos a más empresas estadounidenses adoptar una semana laboral de cuatro días o más planes de trabajo híbridos... quizás.

Trabajar desde casa durante la pandemia de COVID-19

Nunca pensé que vería el día en que las oficinas estuvieran casi vacías de humanos. Tal fue el caso durante los primeros meses de la pandemia de COVID-19. En serio, regresaba de vacaciones y lo primero que noté fue que el estacionamiento para empleados estaba casi vacío a mediados de marzo de 2020. Revisé mi agenda dos veces para ver si ese día era feriado federal, sábado o si tal vez el edificio estaba siendo fumigado.

Una vez que llegué a mi escritorio, leí el correo electrónico del alto directivo de la empresa que decía a los empleados "no esenciales" que trabajaran desde casa debido a la pandemia de COVID. Primero, me disgustó darme cuenta de que yo no era "esencial". Pero mi sueño se hizo realidad. No más luchar contra el tráfico y buscar un lugar para estacionar. No más peinarme ni maquillarme. No más combinaciones de colores con mis atuendos y zapatos. (Esto es un gran problema porque es un gran desafío para mí encontrar zapatos que me queden bien. Tengo pies muy feos y con formas extrañas. Creo que uno de mis antepasados debe haberse apareado con un triceratops).

Siendo la persona disciplinada y organizada que soy, me fui a casa y tomé una siesta.

Luego vino la tarea de convertir la mitad de la mesa del comedor en mi oficina. Les anuncié a mi esposo y a mi hijo que trabajaría desde casa hasta quién sabe cuándo y comencé a leer mi larga fila de correos electrónicos de hace semanas.

Confieso que me encanta trabajar desde casa. Sin travesuras de oficina. Solo yo y mi computadora portátil. Fui bastante productiva. Desgraciadamente, esto no duró para siempre, pero sí duró casi veinte meses.

En septiembre de 2021, mi empleador decidió que los empleados trabajarían en un "horario híbrido". Tenía un trabajo híbrido con ropa híbrida para acompañarlo. No solo puedo hacer la transición de mi pijama a ropa de trabajo, sino que también puedo hacer la transición de mi ropa interior. ¡Lo mejor de lo mejor! Tengo suerte porque tengo un segundo dormitorio híbrido que he convertido en un área híbrida de oficina/armario/almacenamiento. Ya no tengo que usar mi tabla de planchar como escritorio. Tampoco lo uso para planchar ropa.

Mientras trabaja desde casa, podrá utilizar mucho la videoconferencia. Curiosamente, algunas personas hacen todo lo posible para parecer el tema querido de una entrevista televisiva cuando utilizan una videoconferencia: capas de maquillaje, sujetadores push-up, blusas sin mangas y pestañas postizas para las mujeres, mientras que hombres y mujeres pasan muchos preparativos. horas con pomada para el cabello.

La iluminación es bastante importante en una reunión por videoconferencia. No querrá que parezca que acaba de salir de su ataúd. Continúe y derroche en un accesorio liviano para usar con su computadora portátil.

Recuerde el botón de silencio. Esto es especialmente importante cuando está maldiciendo a alguien en voz baja. Pero cuidado, algunas personas saben leer los labios.

*****

¡Hurra! Trabajo en equipo: puede salir bien o no. Depende del equipo. Este sabroso cóctel Trabajo en Equipo le recordará que no existe el "yo" en "equipo".

Cóctel Artesanal N°7: *Trabajo en Equipo*

1 1/2 oz de coñac
3/4 oz de Drambuie
3/4 oz de vermú dulce
3 pizcas de amargo de nuez negra

Revuelva, cuele y vierta en un vaso bajo.

*****

Perfiles psicológicos

Tarde o temprano, su jefe reunirá a los miembros del equipo y les pedirá que hagan una "autoevaluación" en la que califique cómo se comportarías en determinados escenarios. Por ejemplo, ¿qué haría si solo hubiera un carrito de compras disponible y entrara una mujer mayor? ¿O qué pasa si ve una billetera en la acera?

Éstas son situaciones de la vida real; la clave es ver qué tan tranquilo o trastornado actuaría en estas circunstancias. Otro ejemplo es quedarse atrapado en el ascensor con alguien estornudando o tosiendo constantemente. ¿Puede mantener la calma o empieza a actuar como un loco? Existe el siempre popular test de personalidad que relaciona su personalidad con un color, como súper asertivo es rojo y muerto viviente es gris. Se sabe que ciertos colores se llevan mejor con otros colores. A las personalidades rojas no les importa con quién se mezclan porque están demasiado ocupadas haciendo tomando ventaja. Las personalidades grises miran sus zapatos. Son todas estas personalidades de otros colores las que deben coexistir y organizar las fiestas de cumpleaños mensuales.

*****

Resumen de entrevistas con tres generaciones

Cuando se le preguntó si había otras observaciones, el primer baby boomer dijo que, en su empresa, la dirección fomentaba un fuerte sentido de trabajo en equipo. Para la otro baby boomer, el trabajo es muy ajetreado y la fusión pendiente de su empresa está causando mucha ansiedad entre los miembros de su equipo.

Uno de los empleados de la Generación X afirmó que el liderazgo del departamento es muy respetado y desarrolla a los empleados. Hay una atmósfera de "hazlo". Le encanta su trabajo y planea quedarse allí.

Otro empleado de la Generación X afirmó que muchos empleados nuevos no permanecen en su trabajo por más de dos años y no son reacios a saltar de una empresa a otra. La pandemia de COVID-19 causó mucho estrés, especialmente en el ámbito de la atención sanitaria. El gran tamaño de la empresa dificulta la comunicación y, a menudo, el resultado es la duplicación de esfuerzos, lo que resulta muy frustrante.

Uno de los millennials observó que hay una conducta profesional en el trabajo, aunque algo jocosa. No hay dos días iguales. Es más probable que las mujeres en su lugar de trabajo respondan a las necesidades de la empresa. Los empleados varones no se comunican, al igual que las empleadas. Prefiere trabajar en proyectos con compañeras de trabajo porque las empleadas son más receptivas y mejores en la resolución de conflictos y problemas. Cuando el grupo está formado principalmente por hombres, las cosas a menudo se dejan para el último minuto.

Otro millennial afirmó que la tecnología impulsa los requisitos. Prefiere modalidades de trabajo flexibles y que un aprendizaje clave de la pandemia de COVID-19 es ser flexible.

*****

En el barril

Los proyectos en equipo son la oportunidad perfecta para la colaboración y la pereza. En cualquier equipo, siempre hay un rezagado que nunca da un paso al frente para trabajar en ninguna parte del proyecto del equipo. Pero no asuma que el rezagado es siempre el introvertido tranquilo. Oh, todo lo contrario. Piénselo bien. Considere al compañero de trabajo mandón que dice que "yo estoy a cargo" y queda haciendo nada. Este dolor de cabeza se trata de dar tareas a otros y luego enviar mensajes de texto a su corredor de apuestas, pero nunca parece aceptar una tarea porque están ocupados ladrando órdenes. Estas situaciones deben manejarse con delicadeza y gran aplomo. Los que no son mandones deberían formar una camarilla y poner sacos de arena a los mandones. Puede hacer una de las siguientes cosas:

1. Hágales ver un video de su interpretación de "Oklahoma" en tercer grado.
2. Incline su auto de costado.
3. Coloque un laxante y mosca española en su café.

Ahora bien, todo esto puede parecer trucos de la escuela secundaria, y bueno, lo son. Funcionaron en la secundaria, ¿por qué no pueden funcionar en el mundo empresarial? Al menos en el entorno empresarial, no hay monjas caminando por ahí golpeándole en la nuca con una regla.

Idiotas/imbéciles

Estos son

- Personas que no le abren la puerta cuando tiene los brazos llenos,
- Personas que intentan entrar en el ascensor antes de que los que están dentro hayan salido,
- Personas que dan menos del 20 por ciento de propina,
- Personas que miran sus teléfonos móviles mientras les hablan,

- Personas que se pegan en el trasero cuando conduce a pesar de que está excediendo el límite de velocidad,
- Gente que se pedorrea en la iglesia, y
- Personas que no leen mi libro.

¿Pueden los compañeros de trabajo ser amigos?

¿Es una buena idea hacerse amigos sociales de compañeros de trabajo? No me refiero a socializar ocasionalmente tomando un martini de limón después del trabajo. Me refiero a comprar zapatos, intercambiar regalos de cumpleaños y Navidad, ver juntos su programa de streaming favorito y compartir brillo de labios.

Esta área es incompleta y depende en gran medida de la profundidad y duración de la relación. Pero una señal segura de peligro que se avecina es cuando su colega de trabajo es la última persona con la que habla antes de irse a dormir y la primera persona con la que habla cuando se despierta. Si no necesita tecnología para tener estas conversaciones, entonces ha entrado en la "zona roja".

*****

Este cóctel es celestial y justo lo que necesitas después de una reunión de siete horas sobre los objetivos del departamento.

Cóctel artesanal n.º 8: *Objetivos del departamento*

2 oz de ginebra de endrinas Sipsmith
3/4 oz 1870 Bitter Meletti
3/4 oz de jugo de limón recién exprimido
½ oz de sirope de horchata
2 chorritos de amargo de lavanda

Agite, cuele y vierta en un vaso Tom Collins.

*****

¿Qué hace mi musa con su tiempo?

No puedo decirle de dónde es mi musa principalmente porque pone los ojos en blanco y me dice que "me calle" cada vez que le pregunto. Lo único que sé es que tiene una visión algo mundana para alguien que se pavonea con pantalones gauchos y una blusa sin mangas.

No sé qué hace cuando no está en mi armario principal o revoloteando sobre mi cama como una araña. Supongo que se cuela en algún bar de la esquina y escucha las tristes historias de quienes recientemente han roto con un amante. Para eso están los bares. O quieres que te golpeen.

Conciliar la vida laboral y la vida personal

Los baby boomers y los empleados de la Generación X son conocidos por extender sus horas de trabajo al espacio del "tiempo personal". No era raro en las décadas de 1980, 1990 y 2000 ver a los empleados boomers y de la Generación X quedarse en el trabajo mucho más allá de las 5:00 p.m. para completar un proyecto, ponerse al día con sus correos electrónicos, etc. Una vez que estos empleados llegan a casa, sale la computadora portátil para más trabajo (después de acostar a los niños, por supuesto).

Ahora que esta práctica se ha vuelto dominante para un porcentaje significativo de la población de empleados, los millennials y la Generación Z echaron un vistazo a los empleados de "siete días a la semana, diez horas al día" y exclamaron: "¿Estás loco? Tengo una vida que vivir". Afortunadamente, el rechazo de las generaciones más jóvenes de empleados (con la ayuda de los empleados mayores) a estas largas jornadas de trabajo ha dado como resultado una mayor flexibilidad en el horario y la programación de horarios. Otras prácticas importantes en el lugar de trabajo, como horarios de trabajo híbridos, programas significativos de bienestar y salud mental, e iniciativas sólidas de diversidad e inclusión, están vigentes y crecen, gracias a los esfuerzos de los millennials y los empleados de la Generación Z.

Los avances en tecnología han sido una fuerza impulsora importante para la flexibilidad en la programación y los horarios de trabajo híbridos, por ejemplo, al igual que un aumento en la confianza entre los empleados y la gerencia. El objetivo es lograr un mejor equilibrio entre la vida laboral y la vida personal.

Comunicaciones de gestión de crisis

Muchas empresas, especialmente las más grandes, tienen un equipo y un proceso de "gestión de crisis" que se utiliza cuando ocurre una crisis, como la explosión de frascos de medicamentos antidiarreicos o múltiples informes de bolsas de aire que no se activan. El objetivo es asegurarse de tener al miembro adecuado de su equipo de liderazgo armado y listo para responder las preguntas de los empleados y los medios. (Creo que es necesario informar a sus empleados antes de hablar con los medios).

Lo más importante es mantener la calma y actuar como si supiera lo que está haciendo. Su portavoz debe transmitir una sensación de estar en orden. No sea tímido a la hora de disculparse y afirmar que el liderazgo está comprometido a solucionar el problema. Mantenga la calma.

Fiestas navideñas en la oficina

¿A quién no le gusta pasar un rato entretenido con sus compañeros de trabajo, especialmente en una fiesta? Las fiestas en la oficina lanzan un hechizo único sobre los empleados, especialmente si se consume alcohol. Cuando desde el otro lado de la sala le miran con ojos seductores, sus inhibiciones y el filtro cerebral no funcionan.

No encontrará tantas fiestas navideñas en la oficina como en décadas anteriores, en gran parte por razones de responsabilidad y el aumento de los precios de las bebidas alcohólicas, pero si lo invitan a una, recuerde que los soplones de la oficina también estarán allí, listos con las cámaras de sus teléfonos. Todas las explicaciones falsas como "La estaba ayudando a recuperar el pretzel que perdió en su blusa" no estarán bien con el departamento de recursos humanos.

A continuación, se ofrecen algunas ideas útiles en caso de que le pidan que asista a la fiesta de la empresa:

1. Use peluca y gafas de sol oscuras y dígales a sus colegas que está en el Programa federal de protección de testigos.
2. Lleve consigo el nombre y número de teléfono de un buen abogado defensor.
3. No beba alcohol ni se ciña al "uno y listo".
4. Cuando sienta su mano en el trasero de un colega, es hora de irse.

En estas situaciones, recuerde que pedir clemencia no es una buena imagen.

Redimensionamiento/reducción de tamaño

Los flujos y reflujos de la economía, junto con la desaceleración de las compras de los consumidores, a menudo conducen a decisiones difíciles que las empresas grandes y pequeñas deben tomar en relación con el recorte de gastos. Para muchas empresas, las partidas de costos más importantes son la nómina y los beneficios (los empleados), y esta es la partida presupuestaria que se tritura para equilibrar el presupuesto.

Una vez instalado en su puesto de trabajo, manténgase atento a las señales de despido o reducción de plantilla: los aseos de mujeres se convierten en almacenes para todos los escritorios que se han retirado, recibe un correo electrónico preguntándole si le importaría ir a la India y los nombres de todos los empleados de su departamento se eliminan de la lista de teléfonos de empleados.

Si tiene suerte, lo reasignarán a otro departamento o (menos probable) le pagarán una indemnización por despido.

La entrevista de salida

Aunque esté contando los días hasta que salga por la puerta y se embarque en la próxima aventura, es importante compartir sus opiniones sobre su lugar de trabajo: qué funciona bien, qué no funciona bien e ideas para mejorar (especialmente importante). Este no es momento de quejarse; recuerde que está saliendo por la puerta. Sea sincero, pero no se detenga en incidentes específicos. No hable de problemas que no le haya contado a su gerencia anteriormente. La entrevista de salida puede ser una experiencia muy positiva para usted y su empleador. Su otra opción (y no la recomiendo) es adoptar una actitud arrogante y no presentarse. Eso le hace parecer un idiota.

✳✳✳✳✳

Justo cuando concluye el cuarto trimestre con el "informe trimestral" especialmente divertido, mezcle este cóctel artesanal de Informes trimestrales y dese una palmadita en la espalda.

Cóctel Artesanal No. 9: *Informes Trimestrales*

1 1/2 oz 1908 Empress
1/2 oz de licor de violeta
1/2 oz de Cointreau Noir
1/2 oz de jugo de limón recién exprimido
una cucharada de sirope simple
2 chorritos de amargo de lavanda

Agite, cuele y vierta en un vaso Tom Collins.

RECONOCIMIENTOS

Tengo la suerte de estar casada con un escritor magnífico, ex periodista de prensa galardonado y ex miembro de un grupo de presión (James Newland Jr.). Me ayudó mucho a editar este libro y me hizo muchas sugerencias sobre el contenido. Gracias, cariño.

Muchas gracias a Vicki Bohlsen y su equipo por los fabulosos bocetos de la musa y las excelentes estrategias de comunicación y marketing para este libro.

Un agradecimiento especial a mi amigo Neal Thompson por su gran arte gráfico para la campaña de marketing anterior.

Un agradecimiento especial a las personas que leyeron mi manuscrito y brindaron comentarios: Janis, Jodee, Karen, Mike y Tina. Además, gracias a Brandon, Curtis, Andrea, Janis, Jennifer, Matt y Michael por su participación en las entrevistas con empleados de tres generaciones.

Finalmente, un saludo a los dos maravillosos mixólogos/bartenders (Kelley y Carlos) que crearon para mí las deliciosas recetas de cócteles artesanales de este libro. Por supuesto, realicé los controles de calidad adecuados en estos cócteles antes de incluirlos.

Estos dos talentosos bartenders del restaurante Ambrosia en Indianápolis, Carlos García (izq.) y Kelley Wagner (der.), son los creadores de las sabrosas recetas de cócteles artesanales de este libro. Gracias chicos.

Gracias por leer mi libro. ¡Espero que lo haya disfrutado! Tómese un momento para dejar una reseña de mi libro en Amazon.

Julianna Newland

SOBRE EL AUTOR

Por Josh Humilde Fotografía

Julianna M. Newland creció y se educó en Indianápolis (Indiana), primero con muchas monjas y luego en la Universidad de Indianápolis, donde se licenció en inglés y Ciencias Políticas. Después trabajó durante más de treinta años para una empresa de Fortune 500, en el gobierno estatal, en dos organizaciones sin ánimo de lucro y en una asociación comercial de Indianápolis. Julianna ha sido escritora toda su vida adulta, empezando como redactora jefa del periódico de su universidad. Su carrera la llevó a puestos de trabajo que necesitaban un escritor sólido que también aportara otras habilidades necesarias en asuntos públicos, como relaciones gubernamentales, grupos de presión y recaudación de fondos. Recientemente ha puesto en marcha una pequeña empresa de comunicación. Para perfeccionar su escritura y su ingenio (y por otras razones), se casó con el galardonado periodista James G. Newland Jr., una fuente constante de historias sobre personajes sórdidos y política. Julianna y James tienen un hijo adulto, Patrick.

www.ingramcontent.com/pod-product-compliance
Lightning Source LLC
Chambersburg PA
CBHW051246120626
46547CB00014B/1819